Der Weg der Gelassen-heit

[Herausgegeben von Fabian Bergmann]

[Fotografien von Klaus Ender]

Herder Freiburg · Basel · Wien

Ich bekenne, dass ich das Leben für ein Ding von der unantastbarsten Köstlichkeit halte und dass die Verknotung so vieler Verhängnisse und Entsetzlichkeiten mich nicht irre machen kann an der Fülle und Güte und Zugeneigtheit des Daseins.

[Rainer Maria Rilke]

Der Rabbi sah einen auf der Straße dahineilen, ohne nach rechts und links zu schauen. „Warum rennst du so?“, fragte er ihn. „Ich gehe meinem Erwerb nach“, antwortete jener. „Und woher weißt du“, fuhr der Rabbi fort zu fragen, „dass dein Erwerb vor dir herläuft, da du ihm so nachjagst? Vielleicht ist er dir im Rücken, und du brauchst nur innezuhalten, um ihm zu begegnen. Du aber fliehst vor ihm.“

[Chassidische Erzähltradition]

Bei jeglicher Eigenschaft halte das Maß der Mitte ein, bis sich alle Eigenschaften im Gleichmaß der Harmonie befinden. Davon war die Rede Salomos, als er sprach: „Wäge ab, wohin deine Füße sich wenden, dann wird jeder deiner Wege rechtens sein."

[Moses Maimonides]

Jener Zustand, der von Hoffnung, Zorn, Trauer und Freude noch unangetastet ist, wird Mitte genannt. Jener Zustand, bei dem sie zum Vorschein kommen, dabei in allem jedoch den rechten Rhythmus treffen, wird Harmonie genannt. Die Mitte ist die große Wurzel jedes Erdenwesens, die Harmonie ist der irdische Weg zum Ziel. Lass Harmonie der Mitte geschehen, und Himmel und Erde treten an den ihnen gemäßen Platz, und alles gedeiht.

[Buch der Riten, Sitten und Gebräuche]

Die Fichten erhoben sich wie ein Dachgiebel in den Himmel. Schwer war es, jenes Haus zu erkennen, wuchsen die Bäume doch mitten hindurch. Ich frage mich, ob wirklich Laute gedämpften Frohseins an mein Ohr drangen. Jene, die das Haus bewohnten, schienen auf den Sonnenstrahlen ein komfortables Plätzchen gefunden zu haben. Söhne und Töchter sind ihnen geschenkt. Ihnen ist über alle Maßen wohl. Vom Forstweg des Bauern, der geradewegs durch ihre Halle führt, wird ihr Unmut nicht im mindesten erregt. Nie haben sie vom Bauern erzählen hören, und dass er gleich nebenan wohnt, wissen sie nicht – obschon ich sein Pfeifen vernahm, als er seinen Wagen durch ihr Haus kutschierte. Nichts gleicht der frohen Gelassenheit ihres Daseins.

[Henry David Thoreau]

Die Natur ist die große Ruhe gegenüber unserer Beweglichkeit. Darum wird sie der Mensch immer mehr lieben, je feiner und beweglicher er werden wird. Sie gibt ihm die großen Züge, die weiten Perspektiven und zugleich das Bild einer bei aller unermüdlichen Entwicklung erhabenen Gelassenheit.

[Christian Morgenstern]

Dein Geist soll so still werden wie ein kleiner Waldsee. Lass ihn so klar werden wie Wasser, das im Gebirge entspringt. Wenn du trübes Wasser ruhig werden lässt, wird es Klarheit gewinnen. So soll sich auch dein vagabundierendes Denken und Wünschen auf die Ruhe besinnen. Sodann wirst du erkennen, was für dich wirklich von Wert ist.

[Gautama Buddha]

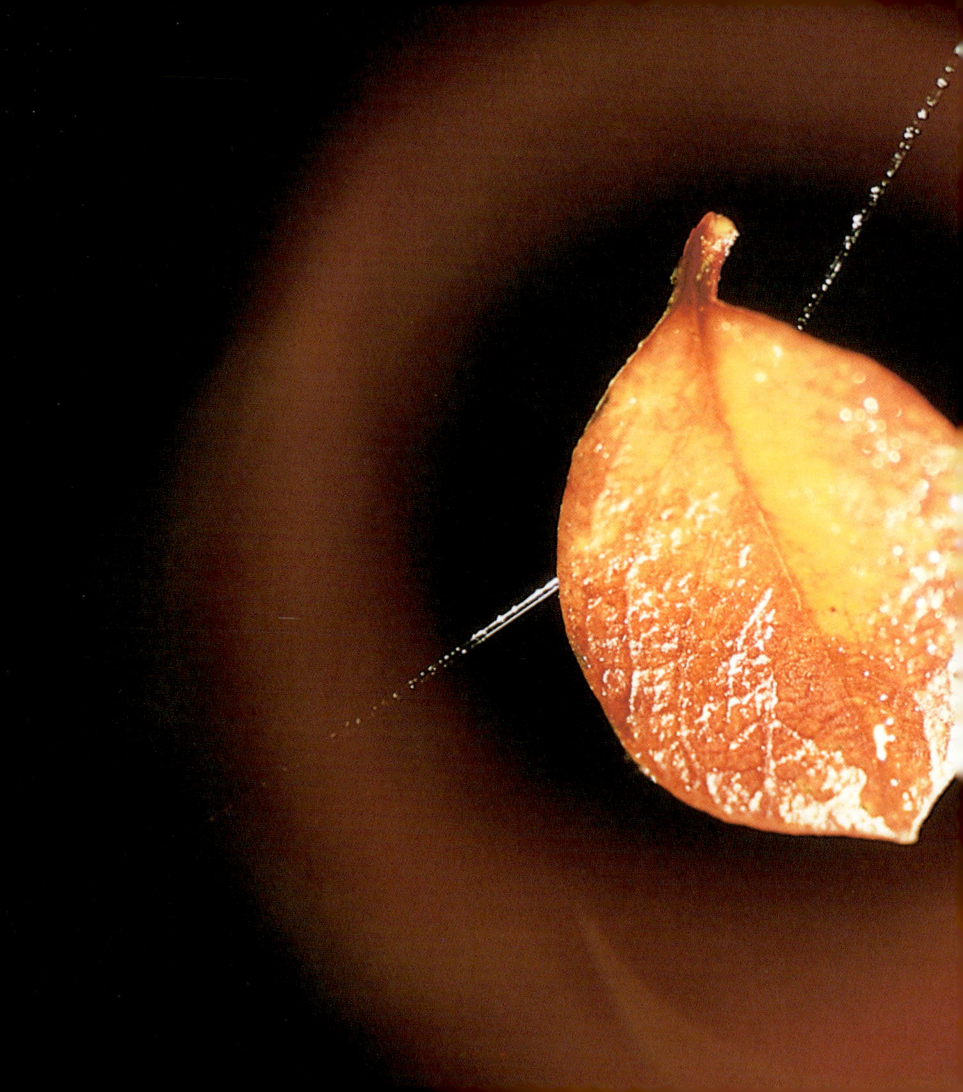

Ruhe vor den Leidenschaften! Ach, der unselige Ehrgeiz, er ist ein Gift für alle Freuden. Darum will ich mich losreißen von allen Verhältnissen, die mich unaufhörlich zwingen zu streben, zu beneiden, zu wetteifern.

[Heinrich von Kleist]

Untersuche dich selbst – und sage dir dann selbst aufrichtig, ob viele Dinge, die du wünschest oder die dir Sorgen und Pein machen, wirklich so vorhanden sind und ob du sie auch wirklich nötig bedarfst oder sie wesentlich entbehrst.

[Novalis]

Ein wenig Öl wird verschüttet, ein wenig Wein kommt abhanden. Da sprich zu dir: „Das ist der Preis für die Gelassenheit, für die Gemütsruhe."

[Epiktet]

Sich selbst Sklave zu sein, kann als die härteste Knechtschaft gelten, und dennoch ist es leicht, ihr zu entkommen, sobald man aufhört, viele Ansprüche an sich zu stellen und sich für sich selbst schuften zu lassen, sobald man sich sein zerbrechliches Menschsein und die Kürze des Daseins vor Augen führt – ist man auch noch so jung – und sich selbst mahnt: „Warum stelle ich mich an wie ein Tor? Ringe nach Atem? Lasse den Schweiß in Strömen rinnen? Treibe mich hier und dort herum? Man bedarf nicht viel, und man bedarf seiner nicht lang."

[Seneca]

Der Umtrieb, der einem beim Weiter- und Voranschreiten stets zu eigen, das Gelärme, in welchem die Wahrheit immer weiter dem Vergessen anheim gestellt, und die schiere Anzahl der Verhältnisse, Anregungen und Hindernisse vergrößern stetig die Unmöglichkeit, zu einem wie auch immer gearteten tief reichenden Erkennen seiner selbst zu gelangen.

[Søren Kierkegaard]

Alles redet, alles wird überhört; man mag seine Weisheit mit Glocken einläuten, die Krämer auf dem Markte werden sie mit Pfennigen überklingeln. Alles redet, niemand will zuhören. Alle Wasser rauschen zum Meere, jeder Bach hört nur sein eignes Rauschen. Alles redet, niemand will verstehen. Alles fällt ins Wasser, nichts aber fällt in tiefe Brunnen.

[Friedrich Nietzsche]

Der Gelbe Kaiser reiste vom Roten See in Richtung Norden, stieg auf den Berg Kun-lun und wandte seinen Blick gen Süden. Auf der Fahrt zurück hatte er den Verlust seiner Zauberperle zu beklagen. Er schickte Wissen, um sie zu suchen, aber es fand sie nicht. Er schickte Klarheit, aber sie fand sie nicht. Er schickte Wortgewalt, aber sie fand sie nicht. Schließlich schickte er Absichtslosigkeit, und jene fand sie. „Ist es nicht merkwürdig", sprach da der Kaiser, „dass Absichtslosigkeit sie finden konnte?"

[Dschuang Dsi]

Eines wirklich gelassenen Menschen Tun ist sein Lassen, sein Werk, sein Müßigbleiben; denn in seiner Tätigkeit bewahrt er die Ruhe und während seines Wirkens seine Muße.

[Heinrich Seuse]

Die beste Weise, eines enteilenden Hutes wieder habhaft zu werden, ist es, möglichst auf einer Höhe mit dem verfolgten Gegenstande zu bleiben, sich behutsamer Vorsicht zu befleißigen, hübsch die Gelegenheit abzupassen, ihm Stück für Stück vorzukommen, dann mit einem Male die Hand auszustrecken, ihn an der Krempe zu packen und sich fest aufs Haupte zu drücken. Hierbei empfiehlt es sich, ohne Unterlass zu lächeln, als sähe man das ganze Geschehen für einen ebenso rechten Spaß an wie alle Welt ringsum.

[Charles Dickens]

Wenn du danach trachtest, die Bewegung gewaltsam zum Halt zu bringen, um Stille zu erlangen, so wird die Bewegung nur noch vermehrt werden. Wenn du danach trachtest, rechtes Sein hierdurch zu erlangen, dass du Gedanken des Zufalls auszumerzen suchst, marterst du nur mit eigner Hand den Geist deines Daseins, minderst die Kraft deines Denkens und bedrohst dich selbst mit Krankheit.

[Dritter Patriarch des Zen]

Es muss ein Zustand des Herzens sein: ganz positiv und sanft zugleich, sonnig und entschlossen. Nie zweifelnd, verkrampft, ungeduldig oder zersehnt.

[Prentice Mulford]

Fragte mich einer, im Übermaß Auskunft zu geben, worauf der Schöpfer gezielet, als er alle Kreaturen schuf, ich sagte: auf Ruhe. Fragte er mich hernach, was die Heilige Dreifaltigkeit in all ihren Werken erstrebe, ich sagte: Ruhe. Fragte er mich als ein Drittes, wonach die Seele trachte in all ihrem Umgange, ich sagte: nach Ruhe. Fragte jener mich als ein Viertes, welch Ding alle Kreaturen in dem ihrer Natur gemäßen Streben und Umtriebe suchten, ich sagte: Ruhe.

[Meister Eckhart]

Zurücknehmen muss sich der Handelnde, immer weiter zurücknehmen, bis er das Nicht-Handeln erreicht hat. Hat er das Nicht-Handeln erreicht, wird es nichts geben, was ungetan bleibt. Jener, der die Welt erringen will, mischt sich in die Dinge nicht ein. Mischt sich einer in die Dinge ein, so ist die Aufgabe, die Welt zu erringen, zu groß für ihn.

[Laotse]

Am Ende ist uns wohler, wenn wir nicht so viel von der Welt wollen und das, was sie uns freiwillig gibt, als gelegentlichen Fund betrachten.

[Gottfried Keller]

Die erlangte Reife des Verstandes bekundet sich darin, dass man dorthin, wo seltene Blumen unter den spitzigsten Dornenhecken der Erkenntnis stehen, nicht mehr geht und sich an Garten, Wald, Wiese und Ackerfeld genügen lässt, in Anbetracht wie das Leben für das Seltene und Außergewöhnliche zu kurz ist.

[Friedrich Nietzsche]

Beende den Tag und lasse ihn los. Du hast getan, was du konntest.

[Ralph Waldo Emerson]

Von Fabian Bergmann und Klaus Ender
ist in gleicher Ausstattung erschienen:

Der Weg der Stille
ISBN 3-451-27674-7

Der Weg der Freude
ISBN 3-451-27675-5

Der Weg des Herzens
ISBN 3-451-27762-X

Der Weg der Achtsamkeit
ISBN 3-451-27761-1

Der Weg des Glücks
ISBN 3-451-27959-2

www.herder.de
Gesamtgestaltung und Konzeption: R·M·E
Roland Eschlbeck/Rosemarie Kreuzer
Satz: Uwe Stohrer, Freiburg
Herstellung: L.E.G.O. Olivotto S.p.A., Vicenza 2002
ISBN 3-451-27958-4